Парамаханса Йогананда
(1893–1952)

# Как уладить конфликт поколений

Брат Анандамой

**Серия «Искусство жить»**

Неформальные лекции и эссе, публикуемые в серии «Искусство жить» (*"How-to-Live" Series*), впервые появились в журнале Self-Realization, издаваемом обществом *Self-Realization Fellowship*. Подобные материалы также содержатся в различных сборниках, а также аудио- и видеозаписях SRF. Серия «Искусство жить» была создана по многочисленным просьбам наших читателей, желавших иметь под рукой карманные брошюры, освещающие различные аспекты учений Парамахансы Йогананды. Данная серия публикаций передает духовные наставления Шри Йогананды и его ближайших учеников, членов монашеского ордена Self-Realization Fellowship, многие из которых долгие годы обучались у почитаемого во всем мире духовного учителя. Время от времени эта серия пополняется новыми публикациями.

Название англоязычного оригинала, издаваемого
обществом Self-Realization Fellowship, Лос-Анджелес, Калифорния:
*Closing the Generation Gap*

ISBN: 978-0-87612-421-5

Перевод на русский язык: Self-Realization Fellowship

Copyright © 2025 Self-Realization Fellowship

Все права защищены. Без предварительного разрешения Self-Realization Fellowship перепечатка (за исключением кратких цитат для рецензий) и распространение книги «Как уладить конфликт поколений» (*Closing the Generation Gap*) в любой форме — электронной, механической или любой другой, существующей сегодня или в будущем, включая фотокопирование, звуковую запись или хранение ее в информационных и принимающих системах — является нарушением авторских прав и преследуется по закону. За справками обращайтесь по адресу: Self-Realization Fellowship, 3880 San Rafael Avenue, Los Angeles, California 90065-3219, USA

 Авторизовано Международным издательским советом
Self-Realization Fellowship

Название общества Self-Realization Fellowship и его эмблема, помещенная выше, присутствуют на всех книгах, аудио- и видеозаписях, а также других публикациях SRF, удостоверяя читателя, что он имеет дело с материалами организации, которая основана Парамахансой Йоганандой и передает его учения точно и достоверно.

Первое издание на русском языке, 2025
*First edition in Russian, 2025*
Издание 2025 года
*This printing 2025*

ISBN: 978-1-68568-247-7

1567-J8786

*Существует Сила, способная осветить ваш путь к здоровью, счастью, покою и успеху. Вам нужно лишь обратиться лицом к этому Свету.*

— Парамаханса Йогананда

# Как уладить конфликт поколений

Брат Анандамой

*Лекция, прочитанная во время ретрита
Self-Realization Fellowship[1],
Энсинитас, Калифорния, 13 Июля 1974 года*

Людей, живших в Темные века, едва ли заботил конфликт поколений: они были заняты решением насущных проблем. Во главе угла стояли выживание и добыча пропитания. Да и во времена более просветленного состояния человечества[2] конфликта поколений как такового не было, ибо люди обладали обширным пониманием Божественного Плана. В любопытное время мы нынче живем! Мы вступили в новую эру, но перемены в нашем мировоззрении и поведении, вызванные восходящим витком эволюции, породили колоссальную напряженность, причина которой кроется в недостатке глубокого

---

[1] Букв. «Содружество Самореализации»; произносится как [сэлф риализэйшн феллоушип]; сокр. SRF [эс-эр-эф]. Парамаханса Йогананда объяснил, что название общества означает «союз с Богом через Самореализацию (осознание своего истинного „Я") и братскую дружбу со всеми искателями Истины».

[2] Согласно священным писаниям индуизма, жизнь на земле развивается в соответствии с определенными эволюционными циклами. Цивилизация переживает сменяющие друг друга взлеты и падения. Представление о Золотом веке как об эре выдающихся достижений человечества вполне соответствует концепции об эволюционных циклах, которую Свами Шри Юктешвар подробно рассматривает в своей книге *The Holy Science* (издается обществом Self-Realization Fellowship).

понимания происходящего. Благодаря современным технологиям у нас появилось больше свободного времени и энергии, однако нынешняя система образования не учит молодежь тому, как правильно распоряжаться высвобожденным потенциалом. И поскольку молодые видят множество изъянов в нашем жизненном укладе, они намерены полностью сбросить его со счетов.

Тем, кто пока не понимает, почему они оказались на этой земле, жизнь может показаться странной и запутанной. Лишь немногие осознают, что сей мир есть школа, в которой надобно реинкарнироваться до тех пор, пока не будут хорошо выучены все уроки[3]. Главная задача человеческого разума состоит не в том, чтобы освоить торговлю, профессию или науку, а в том, чтобы достичь божественной реализации, то есть познать Бога.

Есть еще кое-что, о чем ведают лишь немногие: в период между земными инкарнациями, предназначенными для обучения в школе жизни, людские души в момент смерти отправляются «в отпуск» в астральную сферу[4], чтобы отдохнуть от тяжкого бремени земных переживаний. Те тонкие сферы мироздания гораздо более прекрасны и совершенны, нежели эта. По сравнению с этим миром мир астральный кажется весьма привлекательным, ведь там не требуется физических усилий,

[3] См. *реинкарнация* в глоссарии.
[4] См. *астральный мир* в глоссарии.

чтобы сменить свое обличье или окружение: все делается простым усилием воли. Будучи лишен материальных ограничений, астральный мир предоставляет отличные возможности для тех, кто желает предпринять духовное усилие. Тем не менее, по достижении тех райских высот большинство людей думают лишь об одном: «Ба! Никакой тебе работы — все сплошь игра!»

Тот факт, что земная жизнь исполнена испытаний и тяжелой рутины, а мир иной — свободы и наслаждений, объясняет многое. Когда душа возвращается из сферы безмятежности и совершенства, ей сложно перестроиться на грубый материальный лад. Казалось бы, за девять месяцев, проведенных в утробе матери, воспоминания об астральном мире должны «выветриваться» из сознания, однако душа почти никогда не забывает об этом опыте всецело. По этой причине первые несколько лет подсознание ребенка пребывает в значительной степени на астральном плане. Мы часто наблюдаем подобное: например, ребенок может совершить рискованный поступок, не боясь при этом пораниться, ведь в астральном мире нет таких понятий, как «несчастный случай» или «ранение». Многое указывает на то, что ребенок живет по большей части в мире фантазий, а все потому, что астральный мир — это сказка наяву. Когда малыши придумывают какие-либо образы или небылицы, вполне возможно, что внутренне они еще находятся под сильным воздействием своих переживаний в астральном мире.

Таким образом, дети живут на земле по-другому, не как взрослые. Одно из главных отличий состоит в том, что дети живут в настоящем моменте: это остаточное явление перехода из астрального мира, где время не столь релевантно. Большинству взрослых не хватает дисциплины и осознания сиюминутности, чтобы жить настоящим моментом. Вместо этого они зацикливаются на прошлом или же будущем, упуская истинную суть проходящей жизни: текущий момент. Поскольку большинство взрослых не ведают того, что дети живут в моменте, они совершают большое количество ошибок в их наставлении. К примеру, если чадо задает вопросы или выражает какую-либо нужду, это важно для него прямо сейчас. Мы можем сказать себе: «Что ж, объясню ему завтра или сделаю это, когда появится время». Так не годится. Достаточно вспомнить историю о юноше, который угодил за решетку. Судья упрекнул его: «Вам должно быть стыдно. Ваш отец известный адвокат, а вы такое вытворяете!» — на что тот возразил: «Знаю, но, когда я был еще ребенком, всякий раз, когда я подходил к нему с вопросом, он отвечал: „Не сейчас, малец. Я занят. Возможно, объясню тебе завтра. Давай, беги, не мешай!"».

### Поощряйте в детях их врожденную честность

Еще один признак того, что ребенок совсем недавно вернулся из астрального мира — его откровенность, его удивительная честность и искренность, ибо в астральном мире быть честным — норма. Там любая ложь или уловка моментально бы отражались на ауре. Французы используют крылатое выражение *enfante terrible* («несносный ребенок»), когда хотят подчеркнуть склонность ребенка к прямолинейности, которая нередко ставит взрослых в неловкое положение. Приведу классический пример — несколько апокрифичный, но все же — о нежданных гостях, нагрянувших домой к своему другу. В дверях их встретил маленький мальчик. «Как отец поживает?» — спросили гости, на что получили ответ: «Он в порядке, наверное. Прячется в гараже. Мне его позвать?» Ребенок не в состоянии придумать вежливую отговорку, он имеет дело с фактами. Честность — одно из врожденных качеств души, и это качество необходимо поощрять. Для этого нужно быть предельно искренним в общении с ребенком. Демонстрируя это качество на собственном примере, вы в то же время должны развивать в ребенке восприимчивость к чувствам других людей.

Эти примеры показывают: одна из причин конфликта поколений заключается в том, что по возвращении из астрального мира детям трудно перестроиться на грубый материальный лад. Когда чадо рождается на земле, он или она в очередной раз сталкивается с суровой действительностью, требующей осознания: «Я должен предпринять усилие. Надо постараться. Былых свобод и забав тут уже нет. Я вынужден взять на себя ответственность». Дети, выражаясь словами Шекспира, более не «проводят время безмятежно, живя, как жили в золотом миру»[5].

По мере взросления ребенка его психологическое бремя растет в результате просыпающихся биологических инстинктов. Пробуждается половое влечение, идущее рука об руку с моральной и эмоциональной нагрузкой, к которой столь непросто адаптироваться.

В этот период молодежь более восприимчива к грубости и несовершенству этого мира, что очень контрастирует с их подсознательными воспоминаниями о тонкой астральной сфере. Они отчетливо ощущают эту разницу — правда, бессознательно. В противном случае они вели бы себя иначе. Поэтому они примечают несовершенства материального мира, не задумываясь об их первопричинах. Опыт, пережитый в астральной сфере, наполняет их вдохновенным желанием улучшить этот мир. Когда же они понимают, как трудно добиться перемен в этом мире, многие из них начинают винить во всех грехах старшее поколение, не отдавая себе отчета в том, что они сами не раз рождались в этом мире и непосредственно посодействовали укоренению существующих недостатков. Их гнев и досада, направленные вовне, порождены разочарованностью текущим положением дел, которое они не в состоянии изменить. Их тлеющее недовольство превращается в силу, вбивающую клин в

---

[5] Как вам это понравится. Акт I. Сцена 1.

отношения отцов и детей и образующую раскол, именуемый конфликтом поколений.

В противоположность этому, большинство взрослых давно привыкли к устоям материального мира. Они смирились с положением вещей и уютно обосновались в креслах у своих телевизоров. Впрочем, время от времени, сталкиваясь с очередной выходкой юнцов, они оживляются и покачивают головой, вопрошая: «Куда катится этот мир?» Но все это не ново, знаете ли. Старшее поколение в Древней Греции задавалось тем же вопросом.

**Несовершенство образовательной системы**

Еще одна фундаментальная проблема, усугубляющая конфликт поколений, коренится в современной системе образования. Парамаханса Йогананда говорил: «Многие психологи утверждают, что в разных стадиях жизни человек получает те же уроки, что и в рамках своего воспитания в возрасте между двумя и десятью-пятнадцатью годами». Держа это в уме, молодежь довольно скоро обращает внимание на изъяны нашей образовательной системы — потому и бунтует.

Автор опубликованной недавно статьи[6] цитирует социолога Беннета Бергера, который заметил, что студенты начальных курсов колледжей ростом 180 сантиметров и весом 90 килограммов, которые в былые времена

---

[6] Имеется в виду статья *The Myth of Adolescence* (рус. «Миф об отрочестве») за авторством клинического психолога Стивена Биндмана.

вполне могли бы стать основателями династий или завоевателями наподобие Александра Македонского, сегодня беззаботно пляшут на лужайке у студенческого общежития, кидая друг в друга апельсиновые корки или пластиковые пакеты с водой. Автор статьи говорит: «Это как если ожидать от пятнадцатилетнего подростка, что в самом расцвете своих сил он будет десять лет ехать по туннелю, полагая, что на выезде его ждёт награда в виде работы, брака и общественного влияния. Неудивительно, что его досуг зачастую занимают алкоголь, наркотики и секс, а также соревновательные виды спорта. Чувственный аспект становится краеугольным камнем, призванным заполнить невероятную пустоту этого периода расцвета сил».

Данные симптомы неудовлетворенности проявляются вследствие несовершенства нашей образовательной системы. Мы обнаруживаем, что в тот самый период, когда тела и умы подростков находятся в апогее своего развития, они начинают топтаться на месте, и это происходит в течение десяти лет, пока они не будут приняты в общество взрослых людей. Конечно, мы можем сказать: «Что ж, они всего лишь дети, тинейджеры. Они пока не готовы». А почему они не готовы? Во многом из-за нашей системы образования.

Несколько лет назад я читал лекцию в Бостоне, который всемирно известен как образовательный центр. Там я посетил крупнейший в городе книжный магазин.

Окинув взглядом гору литературы, я подумал: «Бедные студенты! Вот примерно столько им приходится читать и усваивать». И от всего этого не будет пользы, ведь книги почти никогда не учат искать Бога. Сравнив методы обучения давно ушедших просветленных эпох в эволюции человечества с нынешними, мы найдем одно ключевое отличие, и заключается оно — вы не поверите — в том, что тогда не было книг! К примеру, рукописей Вед и Бхагавад-Гиты тогда еще не существовало. Их истины передавались ученику напрямую от учителя просветленного или как минимум близкого к постижению души.

**Важность формирования личности**

В те просвещенные времена формированием личности ребенка занимались чуть ли не с его рождения. Дети получали практическое образование, которое затрагивало все жизненные аспекты, включая профессиональный и духовный. Их учили не просто строить сухие умозаключения, а обращать внимание на направление и качество мыслительного процесса, то есть заниматься обузданием ума. Помимо этого, их учили контролировать эмоции и направлять жизненную энергию в правильное русло. Таким образом, по достижении физической зрелости они уже обладали самоконтролем и восприимчивым сознанием, а также были дисциплинированны. Они могли контролировать свои эмоции и половые инстинкты. Как результат, жизнь подростков тогда не была столь хаотична, как сегодня, а все потому, что в период расцвета сил им не говорили: «Подожди лет десять, пока не станешь взрослым». Обучившись искусству правильной жизни, молодые люди были всецело готовы принять на себя роль взрослого члена общества.

Если вы ознакомитесь со священными писаниями Древней Индии, вы обнаружите, что царями нередко становились подростки, способные мудро разрешать внутриполитические проблемы. Некоторые из них являлись духовными лидерами и даже почитались как святые. Они были к этому готовы. Они обрели полноту власти. Среди них были братья Пандавы[7] (Юдхиштхира, Бхима, Арджуна, Сахадева, Накула) и сын Арджуны. Они начали исполнять главные роли своей жизни еще в отрочестве. К ним относились как к зрелым людям.

Сегодня же подростки куда менее приспособлены к взрослой жизни, не правда ли? Просто сравните их с молодыми людьми былых, пусть даже не самых просветленных эпох. Галилей уже в восемнадцатилетнем возрасте открыл изохронность колебаний маятника, отмеряя время по биению пульса на руке. Лафайету было всего двадцать, когда он стал командиром дивизии в Войне за независимость США.

---

[7] Великие воины и правители Древней Индии, жизнеописание которых дано в санскритском эпосе «Махабхарата».

### Ложное «самовыражение»

Почему же молодежь нынче столь незрела? Причина кроется не только в недостатках нашей образовательной системы, но и в атмосфере вседозволенности, а также неверной трактовке понятия «самовыражение». Нам буквально говорят: «Не давите на детей — пусть свободно себя выражают!» Однако под «собой» здесь имеется в виду вовсе не душа, а эго — средоточие человеческих желаний и прихотей, тщеславия, страсти и алчности. В истинном самовыражении нет места такому «я».

Не так давно в одной из лос-анджелесских газет вышла статья под заголовком «Жестокость школьных банд почти эпидемична: вандализм, убийства, кражи, поджоги». В статье цитируют члена Наблюдательного совета округа Лос-Анджелес, который сказал: «Нам придется вернуться к дисциплине. Без дисциплины дома не будет дисциплины в школе и на улицах. Мы должны настроить общество на перемены». Давно пора! Далее он рассказал, как три местных подростка убили женщину, чтобы украсть у нее три доллара. В тот же день они убили мужчину, чтобы поживиться жалкими десятью долларами. Им всего четырнадцать, пятнадцать и семнадцать лет. Пусть я и не знаю этих подростков лично, я сомневаюсь, что это всецело их вина. Часть ответственности за их преступления надобно переложить на наше общество, неспособное их дисциплинировать и правильно воспитать.

### Территориальный принцип

В основе поведения любого человека лежит один фундаментальный принцип. Я называю его территориальным принципом. Он уходит корнями в царство животных. Мы можем подумать, что животные делают что им вздумается и направляются куда хотят, но это не так. Жизнь животного ограничена определенной территорией, которая очерчивается им на уровне инстинкта, и оно свободно передвигается в рамках этой территории. Такой же глубокий инстинкт присущ и людям, особенно молодым. Ребенок должен отчетливо понимать, какой его шаг позволителен, а какой нет. Ему необходимо знать, где очерчены границы дозволенного, каковы установки в пределах этих границ, как далеко он вправе зайти, а также что он может и чего не может делать. Эти границы не могут быть условными. Они должны быть четкими, чтобы ребенок их понимал. Однако определенности нельзя достичь, если один родитель говорит «да», а другой «нет». Уверен, те подростки, убившие людей ради нескольких долларов, равно как и те, кто убивает ради удовольствия, не ведают о границах, которые нельзя переступать. Не дисциплинировать подрастающего ребенка — жестоко и безрассудно. Без дисциплины, без знания границ он теряется и становится неуправляемым; он не знает, как далеко может зайти.

Напрашивается аналогия с деревом, не правда ли? Вы не можете позволить яблоне расти как ей заблагорассудится. Ее нужно поливать и подкармливать, а также правильно обрезать, чтобы она могла направить свою энергию и питательные вещества на те ветви, которые приносят плоды. Тот же принцип применим и к подрастающему дитя. По мере взросления его «территория» и количество внешних контактов постепенно растут. Посему созидательные силы и энергия ребенка должны быть направлены в благое русло.

Идем далее. У всех нас есть нужда, внутренний позыв иного характера, а именно стремление души к безграничному выражению, к вездесущности. Но не противоречит ли этот принцип ранее упомянутому? Ведь тот принцип нуждается в стеснении, в очерченных границах, в то время как этот требует безграничного выражения. Однако если вы присмотритесь повнимательнее, если вы действительно хотите понять разницу, то узрите, что кажущихся противоречий между этими двумя принципами нет вовсе! Даже наоборот — они работают сообща, в союзе, дополняя друг друга, подобно тому, как дополняют друг друга обрезка и подкормка яблони. Чем мудрее подходить к дисциплине, тем обширнее и продуктивнее будет развитие.

Для эффективного проявления этого аспекта важен фундамент в виде дисциплины. Эта установка проходит красной нитью через науку йоги, систематизированную великим мудрецом Патанджали[8]. Конечным результатом является *самадхи*, космическое сознание — вездесущность, всеведение, всемогущество. Но не с космического сознания все начинается, и даже не с медитации. В первую очередь человек должен научиться следовать правилам, понимать, что допустимо, а что нет, начать придерживаться моральных установок касательно правильного поведения и мышления, умонастроения, контроля эмоций и так далее. Они направят его к цели и уберегут от растраты энергии на ложные устремления. Посредством самодисциплины и регулярной медитации территория истинного самовыражения постепенно расширяется и, благодаря углубляющейся медитации, достигает необъятности мысли и свершений — космического сознания.

Возникает резонный вопрос: «Как мне воспитывать свое дитя?» Прежде всего, надобно помнить, *зачем* мы здесь. Затем поймите, в чем ваш ребенок нуждается, а уже затем деликатно направляйте свое чадо, терпеливо и с любовью прививая ему дисциплину в той мере, в какой он способен ее воспринять. Помните: дисциплина не есть подавление чужой воли. Вспоминается история про мальчишку, который на вопрос: «Как тебя зовут?» отвечал: «Вилли, не смей!» Парамаханса Йогананда обучал нас совсем не так. Он не говорил: «Не делай этого». Вместо этого он рассказывал о божественном

---

[8] См. *йога* в глоссарии.

предназначении жизни. Затем он говорил о правилах, которые нужно соблюдать, о дисциплине, которой нам надобно придерживаться, чтобы в итоге исполнить наше великое предназначение. Как результат, в наших ашрамах нет конфликта поколений — даже несмотря на то, что возраст монахов и монахинь варьируется от восемнадцати до девяноста лет и выше.

Даже если мы ступили на духовный путь позднее, уже после того, как прошли через всю турбулентность взросления, сделавшую нас невольниками дурных привычек, мы по-прежнему можем развиваться и получать колоссальную пользу от советов гуру[9]. Да, в более поздний период жизни эта задача может показаться непростой, но сулит она большую награду.

**Направляйте детей с оглядкой на их особенности**

Многие родители совершают ошибку, пытаясь реализовывать собственные амбиции через своих детей. Это может привести к формированию неверных установок и целей. Необходимо помнить об этой склонности и избегать ее. Дисциплинировать детей — не значит насаждать им свою волю, рассуждая: «Что ж, я предприниматель, значит, и мой ребенок тоже должен стать предпринимателем». Если мы пойдем по этому пути, дитя взбунтуется или же вырастет слабым и несамостоятельным. Ребенок

---

[9] См. *гуру* в глоссарии.

— это личность, у которой есть свои интересы и врожденные таланты. Постарайтесь эти таланты распознать и раскрыть. Воспитывайте детей благотворным, конструктивным образом, чтобы выявить их лучшие качества и способности. Вся суть дисциплины сводится к преобразованию человека. Ее цель — превратить ложную мысль в здравую, неправильный поступок в правильный, деструктивную эмоцию в конструктивную и, в конечном итоге, плохое поведение — в благопристойное.

**Важность раннего воспитания и благого примера**

Дабы проиллюстрировать, что представляет собой конструктивная дисциплина, обратимся к примеру матери Парамахансы Йогананды, которая растила своих детей в соответствии с древними принципами образования. Она обучала маленького Мукунду[10] и его братьев и сестер на собственном примере, а также путем пересказа историй из древних писаний[11]. Эти священные тексты рассматривают в том числе и такие вопросы как: «Каким должен быть идеальный муж?», «Какой должна быть идеальная жена?», «Что представляют собой божественные качества?» и так далее. Они также обстоятельно описывают духовные качества — сильные, положительные

---

[10] Мукунда Лал Гхош — имя, данное Парамахансе Йогананде при рождении.

[11] «Молодое дитя не в состоянии отличить аллегорию от буквальности; все, что он принимает умом в своем возрасте, для него, похоже, непреложно; посему первые сказы, что он слышит, должны прививать ему благие мысли» (Сократ в «Государстве» Платона).

качества мужчины и женщины. Читая или слушая о них, ребенок автоматически усваивает духовные инструкции и воспитывает свой характер.

### Любовь и дисциплина идут рука об руку

Дисциплина должна идти рука об руку с любовью, бескорыстным интересом и заботой. Сущность Бога и Его отражения — души — в любви. Без любви ни один ребенок не вырастет счастливым, уравновешенным человеком.

К каждому ребенку необходим индивидуальный подход. Мы пока не готовы к воспитанию по общему шаблону. Наш мир с его многочисленными образовательными системами пока не созрел для этого. Но перво-наперво нужно побороть одно серьезное заблуждение: мы думаем, что все вокруг должны измениться. Однако измениться должны прежде всего мы сами. *Мы должны повзрослеть. Мы* должны взять под контроль свои мысли, энергию и эмоции и сосредоточить их на Боге посредством медитации. Тогда каждый из нас войдет в унисон с Божественным Планом, и все наше существо будет лучиться гармонией. В этом и заключается смысл древнего выражения: «Человек есть мера всех вещей»[12]. Ибо, если все наши клетки здоровы, здоровы и наши органы. Аналогичным образом, если мы будем

---

[12] Протагор, греческий философ, V век до н. э.

прилагать усилия, чтобы изменить себя к лучшему, наши семьи, наша страна и весь мир в целом получат от этого пользу. Мы должны начать с себя — как вы, так и я. Для этого необходимы дисциплина и понимание. Для этого необходимы терпение, усилия и бескорыстие. И, конечно, потребуется любовь. При наличии всех этих факторов конфликт поколений будет улажен.

## Об авторе

Брат Анандамой (1922–2016) — прямой ученик Парамахансы Йогананды. Родился неподалеку от Цюриха, Швейцария. Вскоре после приезда в США в 1948 году для обучения у архитектора Фрэнка Ллойда Райта, он прочитал «Автобиографию йога» и отправился в Лос-Анджелес, чтобы встретиться с ее автором, Парамахансой Йоганандой. Спустя несколько месяцев он вступил в ашрам Парамахансы Йогананды в качестве монаха Self-Realization Fellowship, где в последующие несколько лет проходил духовное обучение лично у Шри Йогананды.

Брат Анандамой был членом совета директоров Self-Realization Fellowship, а также заведовал духовным наставлением монахов, живущих в монашеских общинах SRF. На протяжении более четырех десятилетий он много путешествовал по США, Европе и Индии и стал одним из самых уважаемых монахов SRF. Он повсеместно воодушевлял аудиторию своими четкими, содержательными и вдохновенными лекциями по учениям Парамахансы Йогананды. Многие из его лекций и занятий по науке и философии йоги, пользующиеся огромным авторитетом, были записаны на пленку на благо будущих поколений.

В статье Секретариата Организации Объединенных Наций, посвященной одной из его лекций в нью-йоркском отеле «Уолдорф-Астория», говорится: «Брат Анандамой излучает естественную теплоту и чарующий шарм швейцарца. Утонченное чувство юмора и проницательный ум делают его прирожденным лектором, способным очаровывать аудиторию где бы то ни было. Его слушатели исполняются трепета и благодарности, узнавая о том, что существуют практические методы обретения гармонии и благоденствия тела, ума и души, что кажется весьма непростой задачей в эту атомную эпоху суматошной активности и всевозможных стрессов».

### Аудиозаписи лекций брата Анандамоя

*Kriya Yoga: Divine Dispensation for Our Awakening Age*
*Is Peace Possible in Today's World?*
*Spiritual Marriage*
*Kriya Yoga: Portal to the Infinite*
*The Importance of a True Guru*
*Devotion: Understanding Its Deeper Aspects in the Search for God*
*Loyalty: The Highest Spiritual Law*

# О Парамахансе Йогананде
# (1893–1952)

*«В жизни Парамахансы Йогананды в полной мере проявился идеал любви к Богу и служения человечеству... Хотя большую часть своей жизни Йогананда провел за пределами Индии, он тем не менее занимает особое место среди наших великих святых. Его работа продолжает приносить свои плоды и сияет все ярче, привлекая людей всего мира на путь духовного паломничества».*

— из сообщения индийского правительства, посвященного выпуску памятной марки в честь Парамахансы Йогананды

Парамаханса Йогананда родился в Индии 5 января 1893 года. Он посвятил свою жизнь служению людям всех рас и вероисповеданий, помогая им осознать и полнее выразить в своей жизни истинную красоту, благородство и божественность человеческого духа.

По окончании Калькуттского университета в 1915 году Парамаханса Йогананда принял обет монаха древнего индийского монашеского ордена Свами. Двумя годами позже он приступил к главному труду своей жизни — духовному наставничеству, основав йогическую школу («how-to-live» school). Сегодня во всей Индии уже насчитывается двадцать одно учебное заведение такого рода, где традиционные школьные предметы сочетаются с практикой йоги и воспитанием духовных идеалов. В 1920 году его пригласили на Международный конгресс религиозных либералов в Бостоне в качестве представителя от Индии. Его выступление на конгрессе и последовавшие за ним лекции в городах Восточного побережья

США были приняты с огромным энтузиазмом, и в 1924 году он отправился в трансконтинентальное лекционное турне.

На протяжении трех последующих десятилетий Парамаханса Йогананда вносил неоценимый вклад в распространение на Западе теоретических и практических знаний о духовной мудрости Востока. В 1920 году он основал религиозную организацию, объединяющую людей разных конфессий, — общество Self-Realization Fellowship — и разместил ее главный международный центр в Лос-Анджелесе. Написав множество трудов, совершив ряд больших лекционных турне и основав многочисленные храмы и медитационные центры SRF, он сумел познакомить тысячи искателей истины с древней философией йоги и ее универсальными методами медитации.

В наши дни его духовная и гуманитарная работа продолжается под руководством брата Чидананды, президента Self-Realization Fellowship/Yogoda Satsanga Society of India. Помимо издания письменных трудов Парамахансы Йогананды, его лекций, неформальных бесед и всеобъемлющей серии *Уроков Self-Realization Fellowship*, общество курирует работу храмов, ретритов, медитационных центров и монашеских общин Self-Realization Fellowship, а также Всемирного круга молитвы.

Освещая в своей статье жизнь и труд Парамахансы Йогананды, доктор наук и профессор кафедры древних языков в колледже Скриппс Куинси Хау-младший написал о нем следующее: «Парамаханса Йогананда принес из Индии не только вечную надежду на постижение Бога, но и практический метод, при помощи которого духовные искатели разных толков могут быстро продвигаться к этой цели. Духовное наследие Индии, первоначально признанное на Западе лишь на уровне чего-то возвышенного и абстрактного, стало доступным в наше время в виде практического опыта для всех тех, кто стремится познать Бога — не по ту сторону, а здесь и сейчас... Самый возвышенный метод созерцания Йогананда сделал доступным для всех».

# Глоссарий

**Аватар** (avatar). От санскр. *avatara* («нисхождение»); тот, кто обретает единство с Духом, а затем возвращается на землю, чтобы помогать человечеству.

**Астральный мир** (astral world). Тонкая сфера света и энергии, лежащая в основе физического мира. Каждое существо, каждый предмет, каждая вибрация в физическом мире имеет своего астрального двойника, поскольку астральный мир («небеса») содержит в себе энергетическую копию физического мира. Более подробное описание астрального и еще более тонкого каузального (идеального) мира можно найти в 43-й главе книги Парамахансы Йогананды «Автобиография йога».

**Аум (Ом)** (Aum, Om). Санскритское корневое слово-звук, символизирующее тот аспект Всевышнего, который творит все сущее и поддерживает в нем жизнь; основа всех звуков; Космическая Вибрация. У тибетцев ведический *Аум* стал священным словом *Хам*; у мусульман — *Амин (Аминь)*; у египтян, греков, римлян, иудеев и христиан — *Аминь*. Мировые религии утверждают, что все сотворенное рождается в космической вибрационной энергии *Аум* (Аминь, Слово, Святой Дух). «В начале было Слово, и Слово было у Бога, и Слово было Бог... Все чрез Него начало быть, и без Него ничто не начало быть, что начало быть» (Ин. 1:1, 3).

**Ашрам** (ashram). Духовная обитель, часто — монастырь.

**Бхагавад-Гита** (Bhagavad Gita). «Песнь Господня»; древнее священное писание Индии, часть эпического сказания «Махабхарата». Представленная в форме диалога между *аватаром* Господом Кришной и его учеником Арджуной накануне исторической битвы на Курукшетре, Бхагавад-Гита является глубоким трактатом о йоге — науке единения с Богом — и вечным рецептом счастья и успеха в повседневной жизни.

**Бхагаван Кришна (Господь Кришна).** *Аватар*, живший в Древней Индии за много веков до рождения Иисуса Христа. Его учение о Йоге представлено в священной Бхагавад-Гите. В индуистских писаниях слово «Кришна» имеет несколько значений, одно из которых — «Всеведущий Дух». Поэтому «Кришна», как и «Христос», — это духовный титул, обозначающий божественное величие *аватара*, его единство с Богом.

**Гуру** (Guru). Духовный учитель. *Гуру-гита* (стих 17) точно описывает гуру как «того, кто рассеивает тьму» (от *гу* — «тьма» и *ру* — «тот, кто рассеивает»). Зачастую так называют любого учителя или инструктора, что само по себе ошибочно. Истинный, просветленный гуру — это тот, кто обрел власть над самим собой и осознал свое тождество с вездесущим Духом. Только такой гуру обладает надлежащей духовной квалификацией для того, чтобы направлять богоискателя в его внутреннем духовном поиске.

Ближайшим эквивалентом термина *гуру* на английском языке выступает слово «Мастер». Именно его зачастую используют ученики при уважительном обращении к Парамахансе Йогананде или его упоминании.

**Духовное око** (spiritual eye). Единое око интуиции и вездесущего восприятия в центре Христа (*Кутастха*), расположенном в межбровье; врата в наивысшие состояния сознания. В глубокой медитации духовное, или «чистое», око можно узреть в виде сияющего золотого кольца, обрамляющего темно-синюю сферу, внутри которой горит яркая звезда. Этот всеведущий глаз упоминается в священных писаниях как «третий глаз», «звезда Востока», «внутренний глаз», «голубь, сходящий с небес», «глаз Шивы» и «глаз интуиции».

Иисус также говорил о духовном оке: «Светильник для тела есть око. Итак, если око твое будет чисто, то и все тело твое будет светло...» (Мф. 6:22).

**Йога** (от санскр. *уиj* — «единение») — единение индивидуальной души с Духом, а также методы, с помощью которых достигается это единение. Существуют различные методы йоги; Парамаханса Йогананда обучал *Раджа-йоге* — «царственной», или «совершенной», йоге, которая делает акцент на практике научных техник медитации. Мудрец Патанджали, выдающийся толкователь йоги, выделил восемь ступеней, ведущих практикующего *Раджа-йогу* к *самадхи* (единению с Богом), а именно: (1) *яма*, нравственное поведение; (2) *нияма*, соблюдение религиозных предписаний; (3) *асана*, правильная поза для достижения неподвижности тела; (4) *пранаяма*, контроль над *праной*, тонкими жизненными токами; (5) *пратьяхара*, самоуглубление; (6) *дхарана*, концентрация; (7) *дхьяна*, медитация; (8) *самадхи*, состояние сверхсознания.

**Карма** (karma). Последствия действий, свершенных в этой или в прошлых жизнях. Кармический закон есть закон действия и противодействия, причины и следствия, сеяния и пожинания. Каждый человек сам формирует свою судьбу своими мыслями и действиями. Та энергия, которую он сам — благоразумно или же по собственному неведению — приводит в действие, должна вернуться к нему как к своей исходной точке, подобно тому, как круг неизбежно замыкает самого себя. Понимание кармы как закона справедливости помогает освободить человеческий разум от обид на Бога и человека. Карма неотделима от человека и следует за ним от инкарнации к инкарнации — до тех пор, пока она не будет отработана или преодолена духовно. (См. *реинкарнация*.)

**Космическое Сознание** (Cosmic Consciousness). Абсолют; Дух за пределами мироздания. Этот термин также обозначает достигаемое в медитации состояние *самадхи* — единение с Богом как внутри вибрационного мироздания, так и за его пределами.

**Крийя-йога** (Kriya Yoga). Священная духовная наука, зародившаяся в Индии несколько тысячелетий назад. Будучи формой *Раджа-йоги*, она включает в себя продвинутые техники медитации, которые ведут к прямому контакту с Богом. Подробное описание *Крийя-йоги* даётся в 26-й главе «Автобиографии йога», а получить саму технику могут ученики SRF, подписавшиеся на *Уроки Self-Realization Fellowship Lessons* и выполнившие определённые духовные требования.

**Кришна** (Krishna). См. *Бхагаван Кришна*.

**Майя** (maya). Заложенная в структуре мироздания космическая иллюзия, из-за которой Единое Целое представляется множеством. *Майя* — это принцип относительности, контрастности, двойственности, противоположности; это Сатана (ивр. — «противник») в Ветхом Завете. Шри Йогананда писал: «На санскрите слово *майя* буквально означает „измеритель"... *Майя* — это магическая сила в мироздании, из-за которой в Неизмеримом и Нераздельном возникает видимость ограничений и деления... Единственная функция Сатаны (то есть *майи*) в божественном замысле-игре (*лиле*) состоит в том, чтобы отвлекать человека от Духа к материи, от Реальности к ирреальному... *Майя* — это покров преходящих состояний в Природе, бесконечного рождения новых форм; это покров, который каждый человек должен отбросить, чтобы увидеть за ним Творца, неизменяемое Неизменное, вечную Реальность».

**Парамаханса** (Paramahansa). Титул духовного мастера, достигшего высшего состояния неразрывного единения с Богом. Только истинный гуру может присвоить этот титул своему достойному ученику. Свами Шри Юктешвар присвоил этот титул Парамахансе Йогананде в 1935 году.

**Сатана** (Satan). См. *майя*.

**Самадхи** (Samadhi). Духовный экстаз; опыт сверхсознания; в высшем смысле — единение с Богом как с высшей Реальностью, пронизывающей все сущее.

**Самореализация** (Self-realization). Парамаханса Йогананда дал следующее определение Самореализации как осознания своего истинного «Я»: «Самореализация — это знание телом, умом и душой, что мы едины с вездесущностью Бога и нам не нужно молиться о ней; что она не просто рядом с нами в каждый миг нашей жизни, но что вездесущность Бога — это наша собственная вездесущность и мы сейчас — такая же часть Бога, какой будем всегда. Нам нужно лишь усовершенствовать это знание».

**Реинкарнация** (Reincarnation). Теория реинкарнации подробно рассматривается в 43-й главе «Автобиографии йога» Парамахансы Йогананды. Там объясняется, что, согласно закону *кармы*, прошлые действия людей порождают определенные последствия, которые притягивают их обратно в материальный мир. Они возвращаются на землю жизнь за жизнью, чтобы проходить через переживания, являющие собой результат этих действий, и продолжать процесс духовной эволюции, чтобы в итоге постичь совершенство души и обрести единение с Богом.

**Христово Сознание** (Christ Consciousness). «Христос», или «Христово Сознание», суть спроецированное сознание Бога, имманентно присутствующее во всем мироздании. Оно же Единородный Сын в Библии, единственно чистое отражение Бога Отца во всем сущем. В индуистских священных писаниях оно называется *Кутастха Чайтанья*, а также *Тат* (космический разум Духа, пронизывающий все мироздание). Это то универсальное, единое с Богом Сознание, которое было проявлено в Иисусе, Кришне и других *аватарах*. Святые и йоги знают его как состояние *самадхи*, в котором сознание отождествляется с разумом каждой частицы мироздания; они ощущают Вселенную как свое собственное тело. См. *Троица*.

**Я** (Self). С заглавной буквы — *атман* (душа, божественная суть человека), со строчной — малое «я», то есть человеческая личность, эго. Высшее «Я» есть индивидуализированный Дух, чья истинная природа — вечно сущее, вечно сознательное, всегда новое Блаженство.

# Книги
# Парамахансы Йогананды
### на русском языке

Издательство Self-Realization Fellowship

«Автобиография йога»

«Вечный поиск»

«Божественный роман»

«Путь к Самореализации»

«Закон успеха»

«Как говорить с Богом»

«Метафизические медитации»

«Научные целительные аффирмации»

«Религия как наука»

«Высказывания Парамахансы Йогананды»

«Внутренний покой»

«Там, где свет»

«Почему Бог допускает зло»

«Быть победителем в жизни»

«Жить бесстрашно»

*В издательстве «София» (www.sophia.ru) можно приобрести следующие книги:*

«Автобиография йога»

«Бхагавадгита: Беседы Бога с Арджуной»

## ДРУГИЕ ИЗДАНИЯ SELF-REALIZATION FELLOWSHIP НА РУССКОМ ЯЗЫКЕ

**«Только любовь»**
Шри Дайя Мата

**«Как найти радость внутри себя»**
Шри Дайя Мата

**«Отношения между гуру и учеником»**
Шри Мриналини Мата

**«Проявление Божественного сознания в повседневной жизни»**
Шри Мриналини Мата

# Книги
# Парамахансы Йогананды
# на английском языке

*Доступны напрямую у издателя:*
Self-Realization Fellowship
3880 San Rafael Avenue • Los Angeles, California 90065-3219
*Тел.* +1 (323) 225-2471 • *Факс* +1 (323) 225-5088
www.srfbooks.org

### *Autobiography of a Yogi*

### *Autobiography of a Yogi*
*(Аудиокнига, читает Сэр Бэн Кингсли)*

### *The Second Coming of Christ:*
*The Resurrection of the Christ Within You*
Комментарий-откровение изначального учения Христа

### *God Talks with Arjuna: The Bhagavad Gita*
*Новый перевод и комментарии*

### *Man's Eternal Quest*
Первый том собрания лекций, эссе и неформальных бесед
Парамахансы Йогананды

### *The Divine Romance*
Второй том собрания лекций, эссе и неформальных бесед
Парамахансы Йогананды

### *Journey to Self-Realization*
Третий том собрания лекций, эссе и неформальных бесед
Парамахансы Йогананды

***Wine of the Mystic:***
*The Rubaiyat of Omar Khayyam — A Spiritual Interpretation*
Вдохновенный комментарий, проливающий свет на мистическую науку общения с Богом, на которую указывают таинственные образы «Рубайята»

***Where There Is Light:***
*Insight and Inspiration for Meeting Life's Challenges*

***Whispers from Eternity***
Собрание вдохновенных молитв Парамахансы Йогананды и его запечатленных переживаний во время общения с Богом в высших стадиях медитации

***The Science of Religion***

***The Yoga of the Bhagavad Gita:***
*An Introduction to India's Universal Science of God-Realization*

***The Yoga of Jesus:***
*Understanding the Hidden Teachings of the Gospels*

***In the Sanctuary of the Soul:***
*A Guide to Effective Prayer*

***Inner Peace:***
*How to Be Calmly Active and Actively Calm*

***To Be Victorious in Life***

***Why God Permits Evil and How to Rise Above It***

***Living Fearlessly:***
*Bringing Out Your Inner Soul Strength*

***How You Can Talk With God***

***Metaphysical Meditations***
Более трехсот вдохновенных медитаций и одухотворенных молитв и аффирмаций Парамахансы Йогананды

***Scientific Healing Affirmations***
Парамаханса Йогананда дает здесь глубокое объяснение принципу действия целительных аффирмаций

***Sayings of Paramahansa Yogananda***
Короткие истории, в которых запечатлены искренние, пронизанные любовью советы и наставления Парамахансы Йогананды всем тем, кто обращался к нему за духовным руководством

***Songs of the Soul***
Мистическая поэзия Парамахансы Йогананды

***The Law of Success***
В этой книге Парамаханса Йогананда объясняет динамические принципы достижения целей

***Cosmic Chants***
Слова и музыка к шестидесяти духовным песням на английском языке; также прилагается вводная статья о том, как духовное пение способствует общению с Богом

# DVD (документальный фильм)

***Awake:***
***The Life of Yogananda***
Отмеченный наградами документальный фильм о жизни и работе Парамахансы Йогананды

# Другие брошюры серии «Искусство жить»

**Парамаханса Йогананда**
*Answered Prayers*

*Focusing the Power of Attention for Success*

*Harmonizing Physical, Mental, and Spiritual Methods of Healing*

*Healing by God's Unlimited Power*

*How to Cultivate Divine Love*

*How to Find a Way to Victory*

*Remolding Your Life*

*Where Are Our Departed Loved Ones?*

*World Crisis*

**Шри Дайя Мата**
*How to Change Others*

*Overcoming Character Liabilities*

*The Skilled Profession of Child-Rearing*

**Шри Мриналини Мата**
*The Guru-Disciple Relationship*

**Брат Анандамой**
*Closing the Generation Gap*

*Spiritual Marriage*

**Брат Бхактананда**
*Applying the Power of Positive Thinking*

**Брат Премамой**
*Bringing Out the Best in Our Relationships With Others*

# Парамаханса Йогананда
## «Автобиография йога»

Эта знаменитая автобиография представляет собой блестящий портрет одного из величайших духовных деятелей нашего времени. Подкупая своей искренностью и неподражаемым чувством юмора, Парамаханса Йогананда ярко описывает вдохновляющие события своей жизни: неординарные переживания детства; встречи с мудрецами и святыми в пору юношества, когда он ездил по Индии в поисках просветленного учителя; десять лет духовного обучения в ашраме под руководством глубоко почитаемого мастера йоги и тридцать лет духовного наставничества в Америке. Он также запечатлел свои встречи с Махатмой Ганди, Рабиндранатом Тагором, Лютером Бербанком, католической стигматисткой Терезой Нойман и другими знаменитыми духовными личностями Востока и Запада.

«Автобиография йога» представляет собой одновременно увлекательнейший рассказ о совершенно необыкновенной жизни и основательное введение в древнюю науку йоги с ее освященной веками традицией медитации. Автор четко объясняет тонкие, но неизменно действующие законы, стоящие как за обыкновенными событиями повседневной жизни, так и за необыкновенными, которые принято называть чудесами. Захватывающее повествование об удивительной жизни перетекает в проникновенный и незабываемый экскурс в глубочайшие тайны человеческого бытия.

«Автобиография йога», уже ставшая современной классикой, переведена более чем на пятьдесят языков и широко используется в колледжах и университетах в качестве авторитетного справочника. Неизменный бестселлер со дня своего появления в печати более семидесяти лет назад, она нашла свой путь к сердцам миллионов читателей во всем мире.

*«Исключительно ценная работа»*

*— The New York Times*

*«Очаровательное, снабженное исчерпывающими комментариями исследование»*

*— Newsweek*

*«Ни на английском, ни на каком-либо другом европейском языке йога еще не была представлена подобным образом»*

*— Columbia University Pres*

# Уроки
# Self-Realization Fellowship

*Личные наставления и инструкции Парамахансы Йогананды по техникам йогической медитации и принципам духовной жизни*

Если вы чувствуете тягу к познанию духовных истин, описанных в брошюре «Как уладить конфликт поколений», мы предлагаем вам подписаться на *Уроки Self-Realization Fellowship* (*Self-Realization Fellowship Lessons*).

Парамаханса Йогананда разработал эту серию уроков для домашнего обучения с той целью, чтобы искренние искатели имели возможность самостоятельно изучать и практиковать древние йогические техники медитации, которые он представил Западу, — включая науку *Крийя-йоги*. *Уроки SRF* содержат, помимо прочего, практическое руководство по обретению сбалансированного физического, психологического и духовного благополучия.

*Уроки Self-Realization Fellowship* распространяются за символическую плату, чтобы покрыть расходы по печати и отправке материалов по почте. Все обучающиеся могут рассчитывать на бесплатную консультацию по практическим аспектам уроков со стороны монахов и монахинь общества Self-Realization Fellowship.

### *Если вы желаете знать больше...*

Пожалуйста, посетите веб-сайт www.srflessons.org, чтобы запросить брошюру с исчерпывающей информацией по *Урокам SRF*.

www.ingramcontent.com/pod-product-compliance
Lightning Source LLC
Chambersburg PA
CBHW031438040426
42444CB00006B/863